Éditions Usborne

Activités pour les petits

En vacances

Rebecca Gilpin

Maquette :
Non Figg, Josephine Thompson et Hannah Ahmed

Illustrations :
Laurent Kling, Fred Blunt, Mattia Cerato, Jordan Wray,
Erica Sirotich, Gareth Edwards, Elsa Martins,
Lirios Bou, Sr. Sanchez et Pau Morgan

Rédaction : Fiona Watt

Traduction : Nathalie Chaput

Tu trouveras les réponses aux jeux en pages 60-64.

Le temps des vacances

En vacances, tu peux :

Passer du temps avec tes ami(e)s... Dessine-leur des visages joyeux.

Promener ton chien... Avec un crayon, suis le sentier aussi vite que tu peux sans toucher les bords.

Ou prendre un train... Termine ce dessin.

Finis de colorier le train.

Fais des gens regardant par les fenêtres.

Ajoute un conducteur.

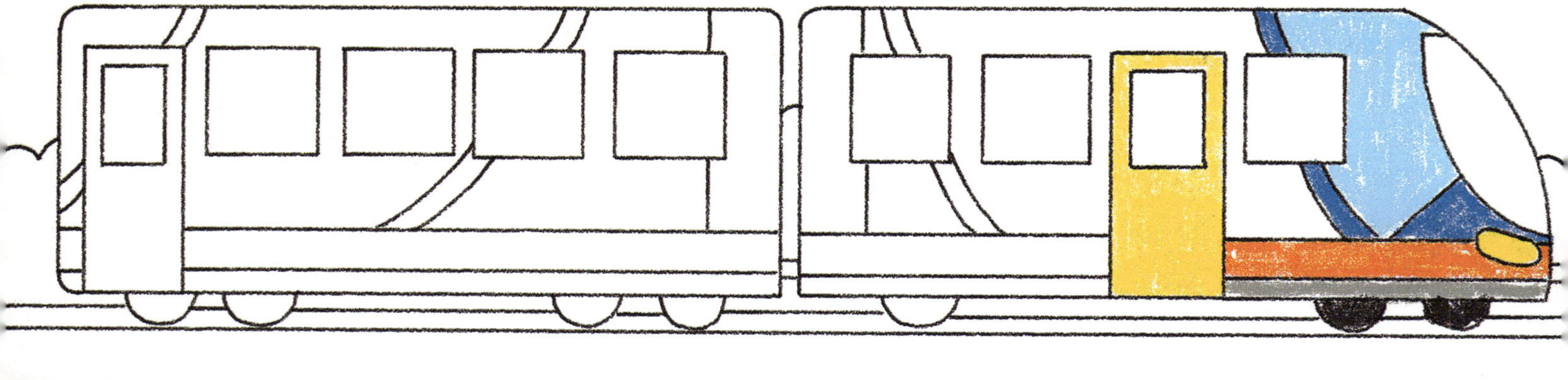

Que faire en vacances ?
Dessine les idées qui
te viennent dans
ces bulles de texte.

C'est toi ! Dessine tes cheveux, ton visage et tes vêtements sur ce personnage.

Escapades

La famille Toile voyage en camping-car. Tire un trait les conduisant dans tous les lieux qu'ils veulent connaître en suivant l'ordre ci-après et sans repasser par la même route.

- Photos aux chutes de la rivière Bleue
- Passer la nuit dans la forêt des Grands Arbres
- Aller à l'île aux Phoques en ferry
- Rouler sur le pont Bleu
- Pique-niquer près du ruisseau Cristal
- Visiter la ville de La Vallée
- Nager dans le lac des Eaux Claires
- Camper à Belle-Vue

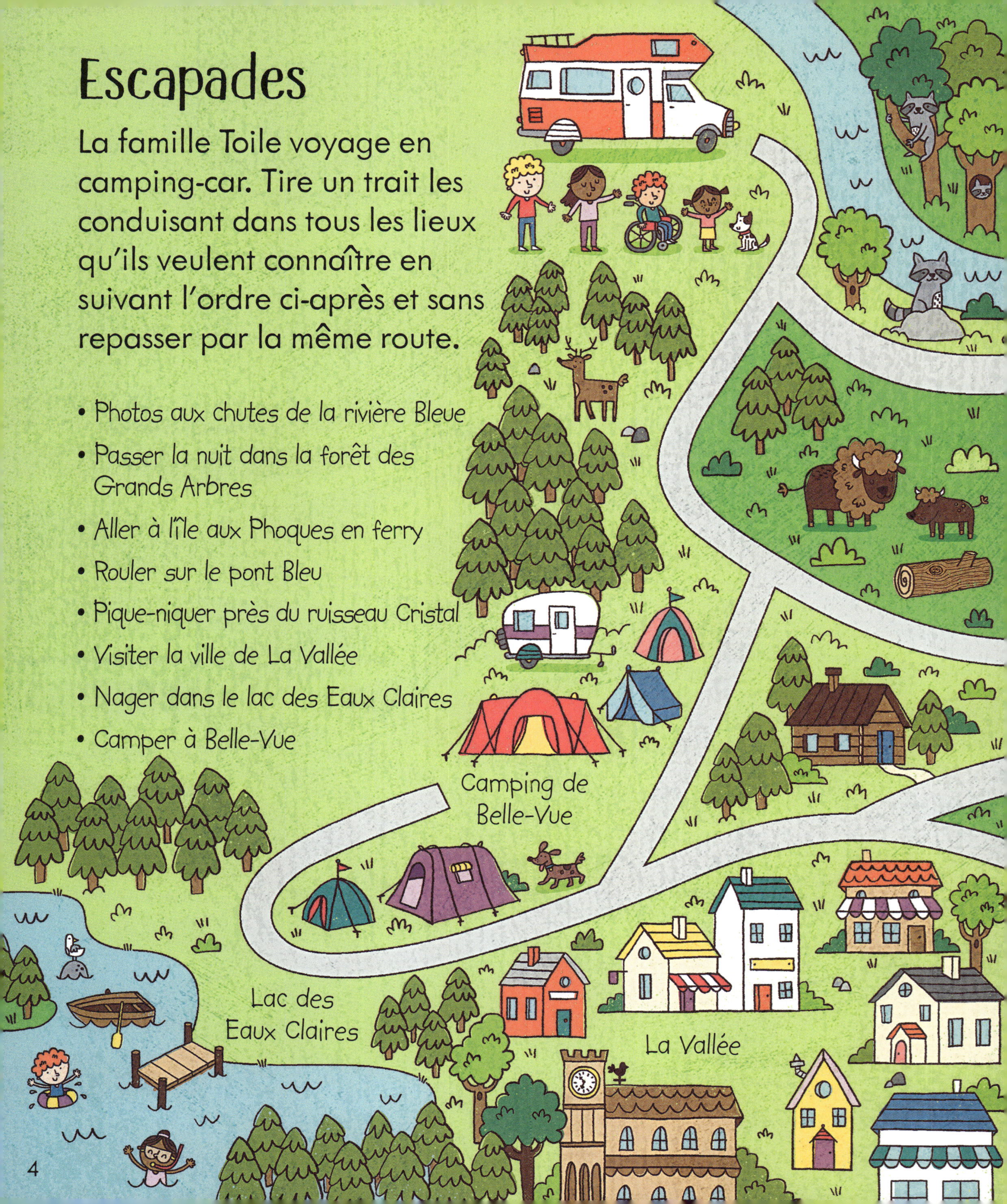

Rivière Bleue
Trajet du ferry
Forêt des Grands Arbres
Île aux Phoques
Pont Bleu
Ruisseau Cristal

Promenade en ville

Il y a beaucoup de choses à voir et à faire en ville.

Charlie regarde de l'autre côté de la rue. Quelle scène voit-il ?

A

B

C

D

Quel bus prennent Paul et Tia pour se rendre au musée, au parc et enfin à l'aquarium ? Suis les lignes en couleur pour le savoir.

Bus rouge/Bus jaune/Bus bleu

Dans toutes les grandes villes se dressent des gratte-ciel. Lequel est le plus haut ici ?

....

On trouve aussi des statues. Dessines-en une sur ce socle.

Cette famille a eu une journée bien chargée. Ils ont visité le musée de l'Espace, le musée des Dinosaures, puis le jardin botanique. Peux-tu mettre ces images dans l'ordre de 1 à 3 ?

Jeux en forêt

Beaucoup de monde vient dans cette forêt pour respirer le bon air.

Vois-tu une cabane dont la porte est ouverte ?

Trouve du linge qui sèche.

Combien d'oiseaux vois-tu ? ....

Deux cabanes sont identiques. Lesquelles ?

Repère une cabane avec des rideaux rouges.

Quel chemin doit suivre cette famille pour arriver au lac ?

Vois-tu un chien noir et blanc ?

Repère un renard caché derrière un arbre.

Trouve une bicyclette rouge.

Au bord de la mer

Finis ce dessin — pour cela, il suffit de quelques feutres ou crayons de couleur.

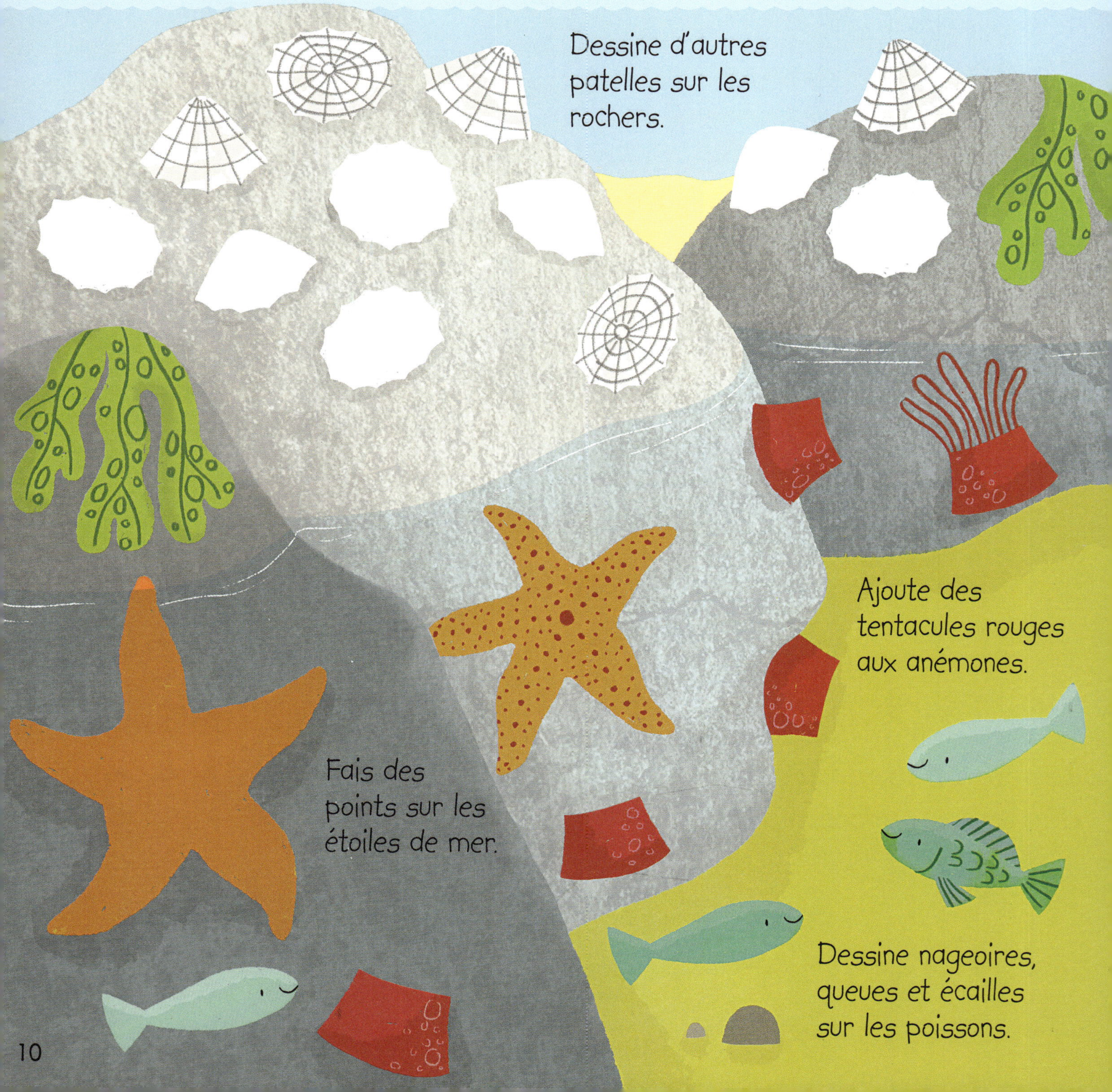

Termine les plumes sur les ailes de ce goéland.

Fais des motifs sur les algues.

Complète les coquillages.

Sports d'hiver

À la montagne, les gens skient et font du surf des neiges.

Une classe de neige veut aller à Valois. Les enfants peuvent prendre des télésièges et descendre par des pistes bleues ou vertes, pas les noires ni les rouges. Quel chemin vont-ils suivre ?

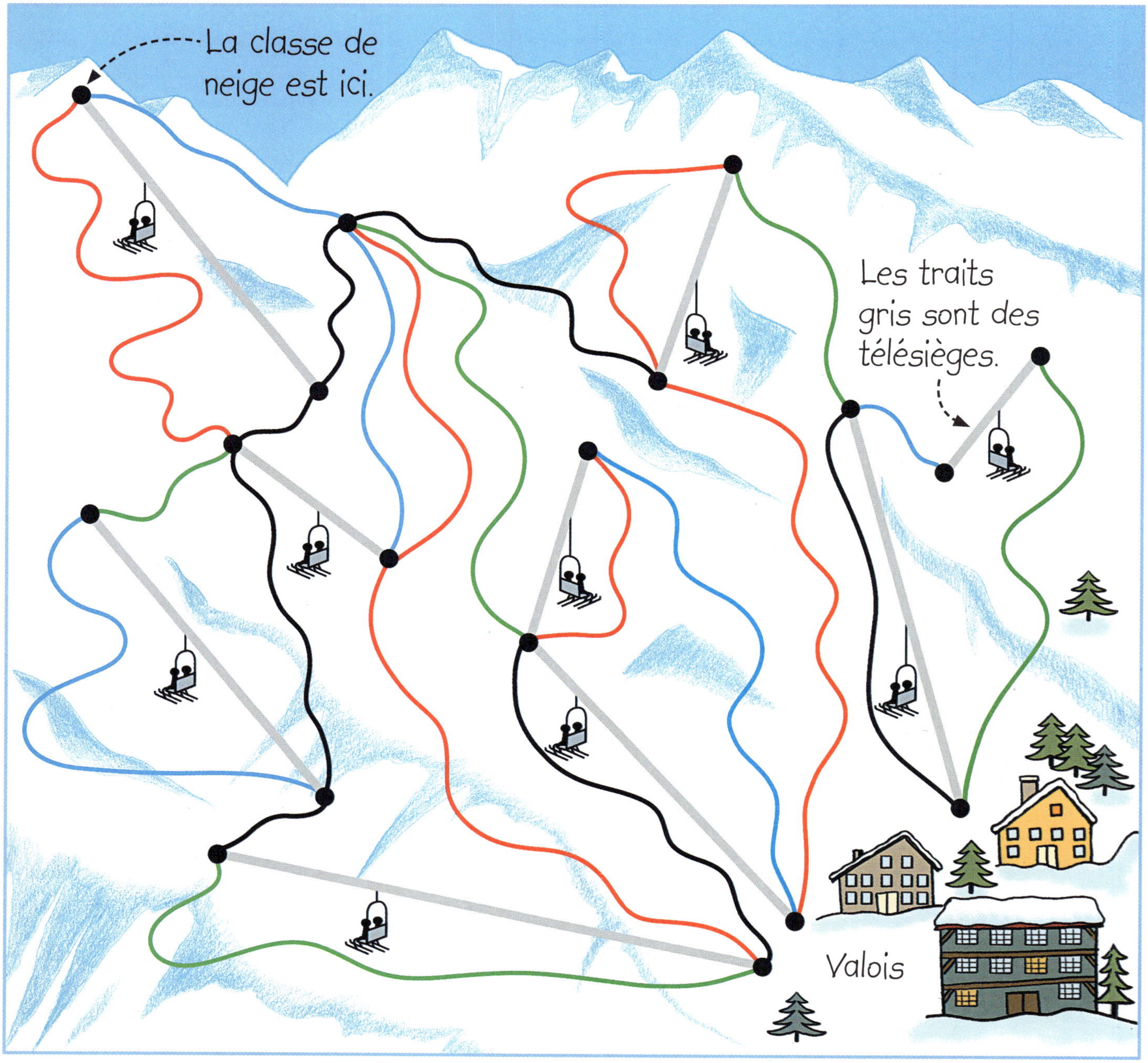

Relie les points dans l'ordre pour compléter le dessin de la montagne.

Combien de surfeurs et de skieurs pratiquent sur cette piste ?

Surfeurs ....

Skieurs ....

Dans ce café, quels sont les deux clients avec la même tenue ?

Sacs et valises

Lucie fait sa valise. Tout ce qu'elle a noté dans sa liste est-il dans l'image ? Oui/Non

- un tee-shirt blanc
- un pantalon bleu
- de la crème solaire
- une casquette
- un lapin en peluche
- quatre livres

Peux-tu retrouver le bagage de chaque enfant ? Tire un trait entre l'enfant et son bagage.

Luc cherche son bagage.
Peux-tu l'aider ?

- Sa valise a des roulettes.
- Elle n'est ni rouge ni noire.
- Elle a une étiquette.

Imagine que tu vas partir en vacances.

Mettrais-tu les mêmes affaires dans ta valise pour aller à la mer ou en ville ?

Choisis ta destination et dessine tout ce dont tu aurais besoin dans cette valise.

Galerie d'art

Peux-tu retrouver dix erreurs entre ces deux scènes se déroulant dans une galerie d'art ?

Finis de colorier ces dessins avec des feutres ou des crayons.

Mondes sous-marins

As-tu déjà visité un aquarium ? Ce sont de grandes cuves d'eau peuplées de poissons et autres habitants des mers.

Dessine d'autres poissons dans l'aquarium ci-dessous. Voici quelques idées.

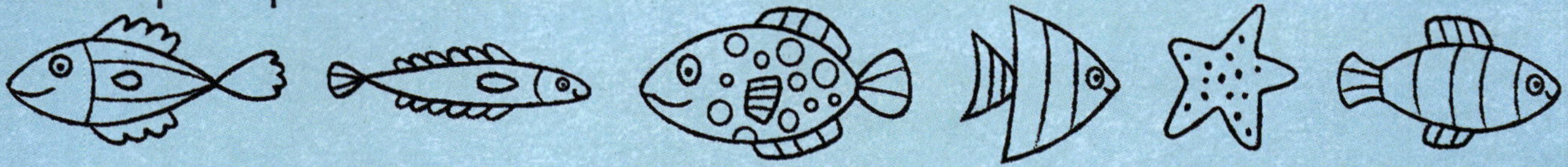

Relie les points de 1 à 10 pour voir apparaître une raie manta.

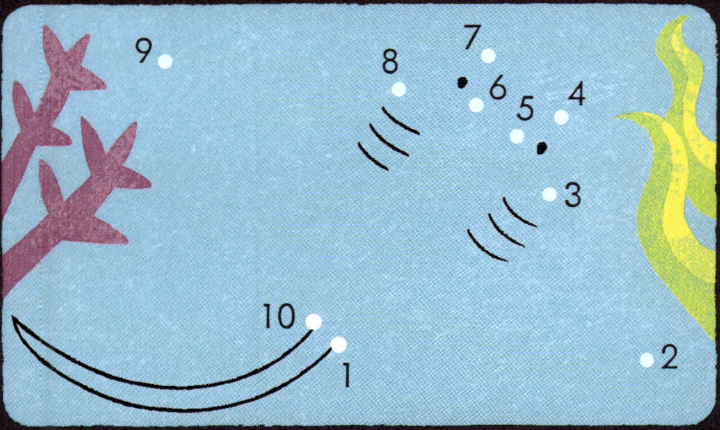

Quel hippocampe correspond à la forme blanche – A, B, C ou D ?

......

Quel tentacule de cette pieuvre a six ventouses ?

Dessine d'autres méduses.

Chez soi

Tout le monde ne part pas en vacances – certaines personnes restent chez elles.

Jacques et ses amis jouent à cache-cache. Jacques vient de finir de compter et cherche ses amis. Peux-tu l'aider ?

Julie et Enzo font la course à vélo. Les flaques d'eau et les pierres les ralentissent, mais celui ou celle qui en évite le plus gagne. Qui est-ce ?

....

Tous les personnages ci-dessous se préparent à partir en promenade, mais il manque une botte à chacun. Tire un trait entre chaque personnage et sa botte.

Vois-tu la laisse de la chienne Lassie ?

Beaucoup d'enfants se baignent dans cette piscine.
Y a-t-il davantage de frites ou de planches de natation ?

Frites : ....   Planches : ....

Jour de marché

Les vacanciers vont au marché pour acheter et goûter des produits locaux. Combien de choses vois-tu dans l'image ci-dessous ?

personnes en pantalon bleu........ chiens........ paires de chaussures rouges........

Peux-tu aussi voir ?

un chat

un poisson rose

une bouteille rouge

une orange qui tombe

Châteaux de sable

Qui a construit ces quatre châteaux de sable ? Lis les indices pour le découvrir et écris le nom sous chaque château.

Le château de Ninon a de nombreuses fenêtres.

Tom a décoré le sien avec des coquillages.

Des fanions flottent sur celui de Nicolas.

Le château de Louise est entouré de cailloux.

....

Dessine des portes, des fenêtres et des fanions sur ce château. Ajoute aussi des coquillages.

Observe ce château. Est-ce le A, le B ou le C ci-dessous ? ....

Flaques d'eau

De nombreux petits poissons et autres habitants des mers élisent domicile dans les flaques laissées à marée basse. Peux-tu répondre aux questions ?

La flaque C contient-elle plus de poissons que la flaque B ? Oui/Non

Où se trouve le caillou gris barré de blanc ? Flaque ....

Dans quelle flaque y a-t-il un poisson orange ? ....

Une flaque n'héberge pas d'algue rose. Laquelle ? ....

Tenues appropriées

Ces enfants sont habillés différemment selon leurs activités de vacances. Complète le coloriage.

aller à
la plage

randonner

surfer sur
les vagues

surfer sur la neige

partir
en avion

Activités en plein air

Chez soi comme au loin, les vacances sont une période idéale pour faire de la randonnée, du vélo ou de la course à pied.

Rémi et Lucie sont dans une réserve naturelle. Ils voudraient observer les oiseaux du lac. Par où doivent-ils passer ?

Ces enfants se préparent à faire du vélo.
Y en a-t-il assez pour tous ? Oui/Non

Mène Rose en bas de la colline en tirant un trait le long du sentier sinueux, sans toucher les bords.

Quel chemin doivent emprunter ces joggeurs pour revenir à leur voiture ?

....

Photos de vacances

Les photos sont un bon moyen de se remémorer les lieux visités en vacances et les activités pratiquées.

Hélène a pris trois photos de sa famille, mais une seule les montre tous. Laquelle ? ....

Voici Hélène et sa famille

A

B

C

À qui Fred a-t-il envoyé une photo de vacances ?

L'ami ou l'amie :

- *sourit*
- n'a pas les cheveux blonds
- porte un chapeau
- a un haut orné d'un dessin

Fred — Bella — Georges — Arthur — Heidi

Afin de compléter cette photo prise dans un parc naturel, colorie chaque forme avec un feutre ou un crayon en fonction des points de couleur indiqués.

(Astuce : ne colorie pas les yeux.)

Sur quelle photo montrant leur groupe d'amis Guy et Flora sont-ils côte à côte ?

....

A

B

C

D

Hôtel en ville

Trouve dix différences entre ces deux images d'un hôtel en pleine effervescence.

Vois-tu des clients prenant leur petit déjeuner en chambre ?

Combien de chambres comptes-tu au total ? ....

Dans les grottes

Parfois, les touristes visitent des grottes souterraines et des tunnels.

Tire un trait permettant à Brice et à Greta de voir dans l'ordre tout ce qui est sur la liste ci-après. Ils ne doivent pas passer deux fois par le même tunnel ou escalier :

- roche rayée
- grotte aux échos
- grotte de l'ours
- stalactites et stalagmites
- bassin bleu
- grotte aux cristaux
- chauves-souris
- grotte rouge

chauves-
souris
grotte aux
cristaux
stalactites
stalagmites
bassin bleu

Au camping

Il y a tant de choses à faire dans ce camping. Que vont faire les Dubois aujourd'hui – aller au magasin, au lac ou au café ? Pour le savoir, suis les directions indiquées par les flèches et tire un trait indiquant leur trajet.

Ils se déplacent d'un carré dans la direction indiquée par la flèche.

→ → ↓ → ↓ ↓ ← ↓ ←

Combien y a-t-il d'arbres dans ce camping ? ....

Trouve deux tentes rouges.

Quel rond correspond à chaque trou de l'image ? Écris les numéros.

A  ....

B  ....

C  ....

D  ....

E  ....

Tire un trait entre le campeur et la tente qui lui ressemble.

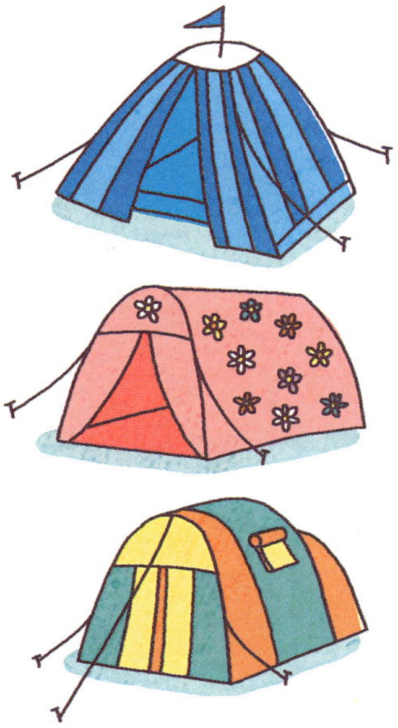

Qui a le plus d'étoiles sur son sac de couchage ?

....

Adeline Gaël Serge

........étoiles ....étoiles ....étoiles

Visite de musée

Ce musée regorge d'objets étonnants que les visiteurs peuvent voir. Essaie de les trouver dans l'image.

Bateaux et ballons

Dessine d'autres montgolfières dans le ciel :

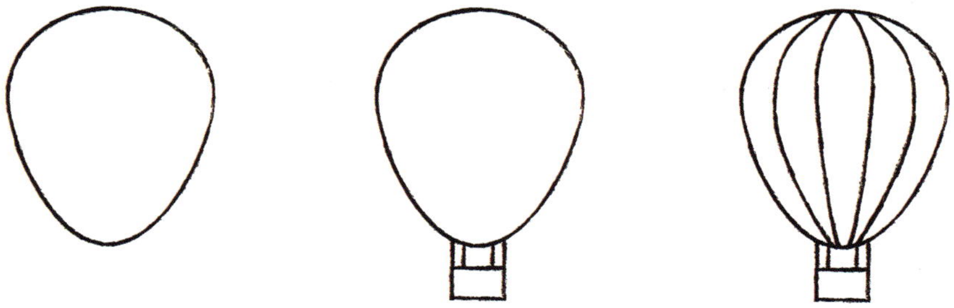

1. Dessine cette forme pour le ballon.

2. Ajoute une nacelle dessous.

3. Fais aussi des traits de haut en bas.

Ajoute des voiliers sur la mer :

1. Dessine une coque de voilier.

2. Place un mât au centre.

3. Ajoute deux triangles pour les voiles.

Trace des motifs sur les montgolfières.

Colorie les voiliers.

Tu peux ajouter un drapeau.

L'heure des repas

Suis les traits et découvre quelle est la nourriture préférée de ces personnages.

En fonction de l'ordre des ingrédients, ajoute un aliment à chacune des brochettes ci-dessous. Tire un trait entre la tomate, le fromage, l'oignon et la brochette correspondante.

Elsa, Alex et Marta cueillent des fraises. Compte les fruits dans leurs paniers. Qui en a le plus ?

....

Elsa a cueilli

....

Alex a cueilli

....

Marta a cueilli

....

Entoure les fraises que les enfants ont oubliées sur les plants.

Avec un feutre ou un crayon, remplis cinq verres de jus de fruit. Combien restent vides ?

....

Quelles sont les deux tranches de pastèque qui ont le même nombre de graines ?

.... et ....

Vive la neige !

Il a neigé : que d'activités amusantes à pratiquer dehors !

Quel bonhomme de neige a remporté le concours ? ....

- Il a trois boutons.
- Son écharpe et son bonnet ne sont pas assortis.
- Son nez est une carotte.
- Il n'a pas de bras.

Si tu veux, colorie les enfants, les chiens et les oiseaux.

Fais un visage à ce bonhomme de neige et colorie son bonnet et son écharpe.

Quelle luge passe sur le plus de bosses ?

....

....

....

La luge .... passe sur le plus de bosses.

Quelles sont les deux pièces qui complètent ce puzzle ?

A

B

C

D

E

.... et ....

Quel temps fait-il ?

Quoi que tu fasses, où que tu ailles, il faut tenir compte du temps...

Remets ces images d'un jour de pluie dans l'ordre en les numérotant de 1 à 3. Il fait d'abord soleil, puis la pluie se met à tomber et enfin le soleil revient accompagné d'un arc-en-ciel.

Quels sont les deux parapluies identiques ?

Aujourd'hui, il fait beau. Dessine des lunettes de soleil aux autres enfants.

Ci-dessous, des amis observent des nuages dans le ciel. Ils les comparent à des objets. Tire un trait entre la bulle de pensée de chaque enfant et la forme de nuage correspondante.

Belle, la chienne, a repéré un nuage en forme d'os. Le vois-tu ?

À la ferme

Il y a beaucoup à observer lors d'un séjour à la ferme. Vois-tu...

- deux cueilleurs de pommes ?
- une cane et ses canetons ?
- une fermière aux bottes boueuses ?
- un mouton buvant de l'eau ?
- un tracteur tirant une charrue ?
- un homme qui tient une bêche ?
- un chat roux ?
- deux ânes ?

Combien y a-t-il
de lapins ? ....

Le carnaval

Le carnaval est une fête pendant laquelle les gens se déguisent. Il y a aussi des défilés dans les rues.

Nina, Charles et Lili ont besoin de costumes pour le carnaval. Tire un trait entre chacun d'eux et le costume auquel il pense.

Les enfants ci-dessous participent à un défilé. Ils devraient tous porter le même costume, mais deux sont légèrement différents. Lesquels ?

.... et ....

Colorie ces feux d'artifice dans la nuit.

Colorie aussi ce char de carnaval.

Sur la plage

Beaucoup de monde s'amuse sur cette plage animée. Peux-tu retrouver les choses ci-dessous dans la grande image ?

Pique-nique au parc

Par quel chemin doit passer Erica pour rejoindre ses amis ? Sers-toi des indices pour les trouver et tire un trait sur le bon chemin.

- Ils sont assis sur une nappe.
- Ils sont à côté d'un massif de fleurs.
- Ils ne sont pas près du lac.

Le cerf-volant de quel enfant est pris dans l'arbre ?

....

Dessine tes aliments préférés pour un pique-nique parfait.

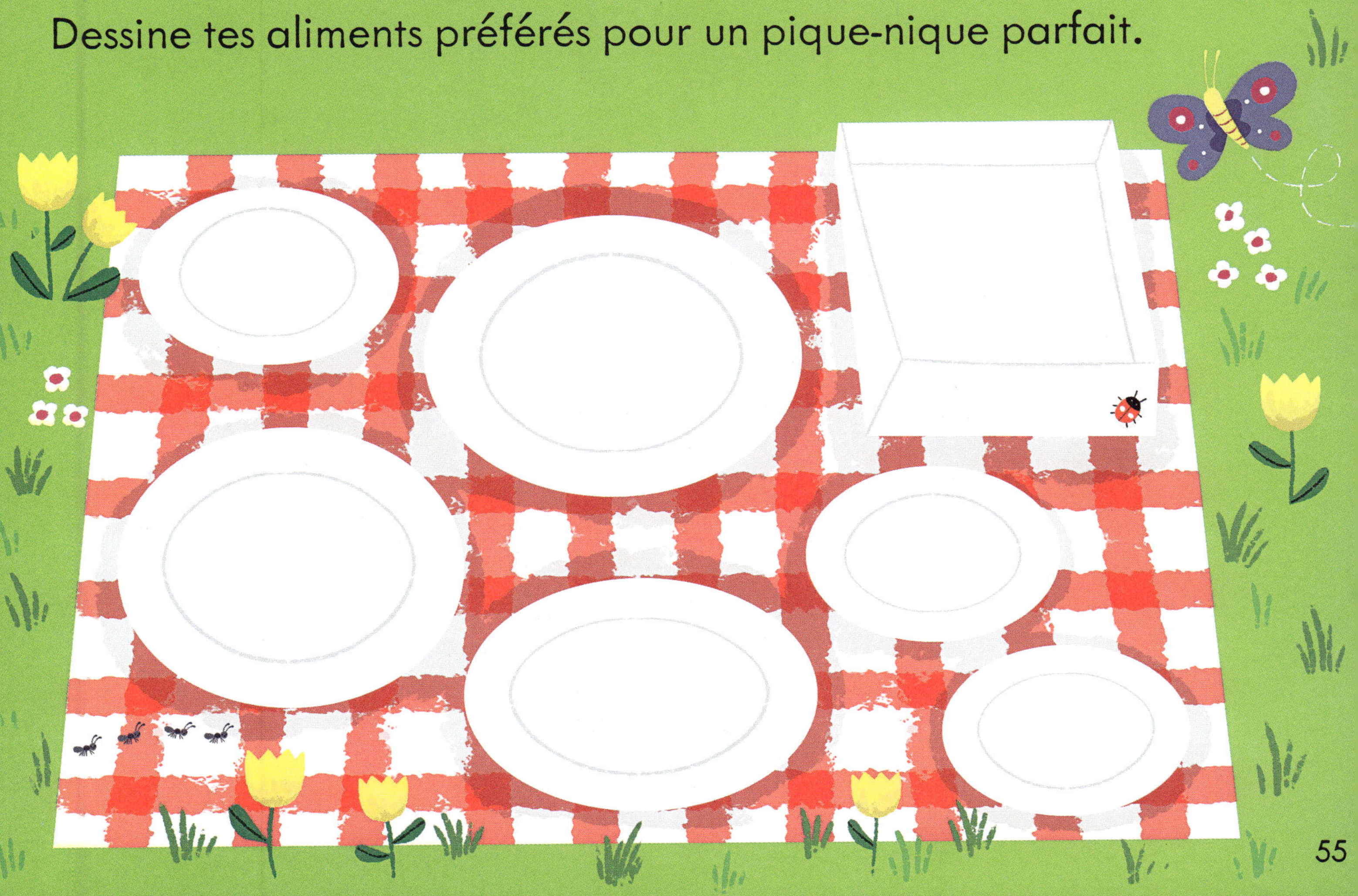

À l'aéroport

Trouve dix différences entre ces deux images.

Complète cette page tirée d'un passeport en dessinant ton portrait et en indiquant les détails demandés.

Nom : ....

Âge : ....

Lieu de résidence :

....

Compagnie aérienne ....

Départ : 9.00 le 10 août

Destination : ....

Complète ton billet d'avion. Comment s'appelle la compagnie aérienne et où vas-tu ?

Ces avions attendent que les passagers montent à bord. Colorie les formes et les motifs de la queue des avions.

Jeux entre amis

Plusieurs amis s'amusent dans un jardin. Observe l'image, puis réponds aux questions en bas de page.

Vois-tu... ... une fille avec des lunettes de soleil en forme de cœur ?

... trois écureuils ?

... quelqu'un qui se fait arroser ?

... un chien avec des taches ?

Trouve les activités mentionnées en bas de page qui correspondent aux images proposées. Numérote-les.

A..........

B..........

C..........

D..........

E..........

F..........

G..........

H..........

I..........

1. faire un bonhomme de neige
2. se déguiser
3. peindre au doigt
4. lire une histoire
5. jouer au ballon
6. cuisiner
7. souffler des bulles
8. faire du roller
9. sauter au trampoline

Réponses

4-5 Escapades

6-7 Promenade en ville

Charlie voit la scène C.
Le bus jaune les y emmène.
F est le plus haut.

8-9 Jeux en forêt

- porte ouverte
- linge
- 8 oiseaux
- rideaux rouges
- deux identiques
- renard
- chien
- bicyclette rouge

12-13 Sports d'hiver

- 10 surfeurs
- 9 skieurs

- tenues identiques

14-15 Sacs et valises

- tee-shirt blanc
- pantalon bleu
- crème solaire
- casquette
- lapin en peluche
- livres

Non — un livre manque.

Anna

Jean

Léa

Fred

Valise de Luc

16-17 Galerie d'art

18-19 Mondes sous-marins

L'hippocampe A correspond à la forme blanche.

20-21 Chez soi

Enzo évite plus de flaques d'eau et de pierres. Il gagne.

Laisse de Lassie

5 frites

7 planches

Il y a plus de planches.

22-23 Jour de marché

7 personnes en pantalon bleu

5 chiens

8 paires de chaussures rouges

chat

bouteille rouge

poisson rose

orange qui tombe

24 Châteaux de sable

Tom Louise Ninon Nicolas

C'est le château C.

25 Flaques d'eau

Oui : la flaque C contient 7 poissons et la B en contient 6.

Le caillou gris barré de blanc est dans la flaque B.

Poisson orange : flaque D.

La flaque A n'héberge pas d'algue rose.

28-29 Activités en plein air

Oui, il y a assez de vélos pour tous – il y a 6 enfants et 6 vélos.

Les joggeurs doivent suivre le chemin A.

30-31 Photos de vacances

Sur la photo B, il y a toute la famille.

Fred a envoyé une photo à Bella.

Guy et Flora sont côte à côte sur la photo C.

32-33 Hôtel en ville

○ différences

○ clients prenant leur petit déjeuner.

□ 4 chambres

34-35 Dans les grottes

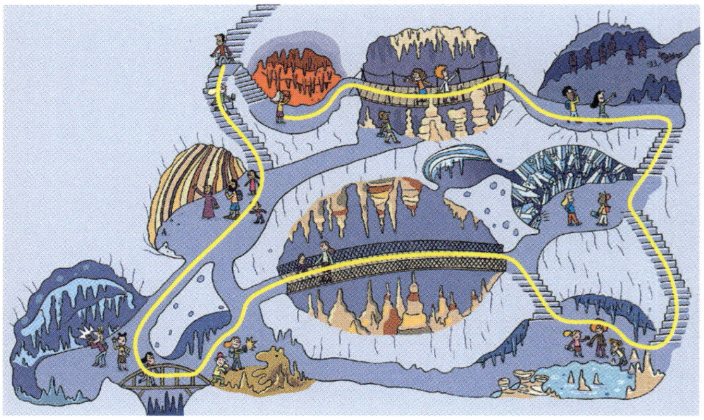

36-37 Au camping

La famille se rend au café.

○ Il y a six arbres dans le camping.

○ tentes rouges

A – 1
B – 5
C – 2
D – 4
E – 3

Adeline – 9 étoiles, Gaël – 7 étoiles, Serge – 8 étoiles. Adeline a le plus d'étoiles sur son sac de couchage.

38-39 Visite de musée

42-43 L'heure des repas

Sabine — fruits, Jacob — salade
Guillaume — soupe, Chloé — sandwich

A — fromage, B — oignon, C — tomate

Elsa — 8, Alex — 7, Marta — 10.
Marta a cueilli le plus de fraises.

Fraises laissées sur les fraisiers.

Quatre verres sont vides (9 – 5 = 4).

Les tranches D et H ont cinq graines.

44-45 Vive la neige !

Le bonhomme de neige E l'a emporté.

Luge A — 5 bosses, B — 7, C — 6.
La luge B passe sur le plus de bosses.

Les pièces C et D complètent l'image.

46-47 Quel temps fait-il ?

48-49 À la ferme

- cueilleurs de pommes
- cane
- bottes boueuses
- mouton
- Il y a 9 lapins.
- tracteur
- homme bêchant
- chat roux
- ânes

50-51 Le carnaval

B et F sont différents : le ceinture de B n'a pas de boucle et le haut de F a des manches courtes.

52-53 Sur la plage

54-55 Pique-nique au parc

○ Amis d'Érica

Le cerf-volant de Violette est pris dans l'arbre.

56-57 À l'aéroport

58-59 Jeux entre amis

○ lunettes de soleil en forme de cœur

○ trois écureuils

○ quelqu'un qui est arrosé

○ chien avec des taches

A — 7. souffler des bulles, B — 4. lire, C — 5. jouer au ballon, D — 1. faire un bonhomme de neige, E — 9. sauter au trampoline, F — 8. faire du roller, G — 3. peindre au doigt, H — 6. cuisiner, I — 2. se déguiser